Nordertieffe
Berlum
Hattum
Boddum
Ellboell
Udum
Lystum
List
Rodding
Templum martis
Klijffsbøll
Syllum
Blydum
Pystum wester Capelle
Hollay
Himm
Wollerholdt
Kampen
Panum
Leuchtthurm
Dameserwoldt
Templum
Tannerip
Wiserum
S. Severin
Westerland
Templum
Eidum
Hijrum
Borg
Tinnum
Knipboll
SYLT
Archsum

53
363
363

Dagmar Kluthe

WUNDERSCHÖNES SYLT

»Manchmal schließe ich die Augen,
Stell' mir vor ich sitz am Meer.
Dann denk' ich an diese Insel,
Und mein Herz das wird so schwer!
Diese eine Liebe wird nie zuende geh'n!
Wann werd ich sie wiedersehen?«

Die Ärzte – Westerland, 1988

BRUCKMANN

List
Westlicher Leuchtturm am Ellenbogen

◁ Wie gefährlich die Schifffahrt in der Nordsee sein kann, beweisen die beiden Leuchtfeuer am Lister Ellenbogen, hier der Leuchtturm Ellenbogen West. Sie wurden in den Jahren 1856–1857 aufgestellt und machten die Einfahrt in den Lister Hafen besonders zu nächtlicher Stunde wesentlich sicherer. Die nördlichste Landestelle liegt auf der Halbinsel Ellenbogen, welche die Wattenmeer-Bucht Königshafen wie einen Ellenbogen umklammert. Diese Landschaft aus Wanderdünen, Heide und Salzwiesen gehört seit Jahrhunderten zum Privatbesitz einer Erbengemeinschaft, die den beiden Höfen, dem West- und dem Osthof, entstammt. Darunter fällt auch die Privatstraße auf dem Ellenbogen, die gebührenpflichtig ist.

◁ ◁ Ein wunderschöner Tag auf Sylt geht zu Ende. Nun fallen die letzten Strahlen der untergehenden Sonne auf zwei verlassene Strandkörbe und mit sanften Wellen rollt die Brandung über den Sand.

Inhalt

◀ **So sieht Sylt von oben aus.** Wäre da nicht die unvergleichlich typische Form der Insel, könnte man bei der Farbe des Wassers und der Sandstrände an die Karibik denken.

Sylt – der Traum vom Meer

In List liegt die nördlichste Fischbude Deutschlands, dort liegen die Anfänge der Restaurantkette »Gosch« des ehemaligen Maurers Jürgen Gosch. Mitte der 1960er Jahre hatte er die Zeichen der Zeit erkannt und zuerst aus dem Korb, dann mit einer fahrbaren Fischbude seine Nordseekrabben und Matjes verkauft. Schnell wurde »Gosch« zu einem Treffpunkt, laut und unkonventionell.

Heute ist er an vielen Orten auf Sylt präsent, und immer sind es wunderbare Plätze. Sehr begehrt sind natürlich jene Restaurants mit Blick auf die Brandung – die Sonne im Gesicht und den Wind in den Haaren. Dazu ein Krabbenbrot und ein Glas Weißwein im Kreise gut gelaunter Menschen. Am Abend treffen sich alle am Strand, sei es zu romantischen Spaziergängen am Meer entlang oder nur zum Staunen, denn die Sonnenuntergänge verwandeln die Insel für kurze Zeit in ein Märchen aus vielen Farben.

Diese Atmosphäre hat Sylt so berühmt gemacht, dass sie die ungekrönte Königin unter allen friesischen Inseln ist. Ein Stück Land aus violetter Heide und blondem Sand, 38 Kilometer lang bei einer maximalen Breite von vier Kilometern, vorgelagert der nördlichsten Ecke der deutschen Küste und dem südlichsten Teil von Dänemark. Dass hier die Seeluft gesünder ist als anderswo und die Brandung aufregender als bei den Nachbarn, wurde Mitte des 19. Jahrhunderts entdeckt. Um 1850 war Westerland ein unbekannter Flecken – damals wohnten 460 Menschen in rund 100 Häusern. Man lebte vom Fischfang, von der Seefahrt und der Landwirtschaft. Dann sprach sich die Schönheit von Sylt bei den Hamburgern herum, und im Jahr 1855 wurde der erste Badekarren aufgestellt.

Das war der unspektakuläre Beginn der unglaublichen Karriere einer deutschen Insel. Es gab kein Hotel, gerade mal ein paar Pinten, doch die Friesen räumten ihre Schlafzimmer für die Gäste. Die Anreise war mühsam, denn man kam mit dem Dampfer von Hamburg bis zur »Nössespitze« bei Morsum. Dort wartete die Pferdedroschke, und nach einer Stunde trafen die Gäste in Westerland ein. Im Jahr 1857 wurde das erste Hotel mit dem Namen »Dünental« eröffnet. Dann noch ein Hotel und noch eines – ein stetiger Aufschwung; nur der Erste Weltkrieg brachte vorübergehend einen Bedeutungsverlust.

Mit den zwanziger Jahren geriet die Insel wieder in den Mittelpunkt des Vergnügens – an der Strandstraße von Westerland wurde das »Trocadero« eröffnet, abgeguckt dem »Lido« in Paris. Da amüsierten sich Marlene Dietrich, Hans Albers, Max Schmeling – und der »Bananentanz« von Josephine Baker stand auf dem Unterhaltungsprogramm.

Mit Beginn des Zweiten Weltkriegs wurde es ruhig, die amüsierfreudigen Sommerfrischler waren verschwunden, und es kamen die Soldaten. Größere Gefechte haben auf Sylt nie stattgefunden, aber durch den Fliegerhorst, massive Bunkeranlagen und die zeitweilige Stationierung von 10 000 Soldaten wäre man für eine Invasion der Alliierten gerüstet gewesen. Selbst in diesen schwierigen Zeiten verschlug es interessante Menschen wie Hjalmar Schacht und den Schriftsteller Ernst von Salomon, der seinen Roman »Der Fragebogen« in einem Bunker verfasste nach Sylt. 1945 wurde die Nordseeinsel zu einem Auffanglager der Heimatvertriebenen aus den ehemaligen Ostgebieten. Sie fanden Arbeit in dem wiederaufblühenden Tourismus. Seit Mitte der 1950er Jahre gehört Sylt wieder zu einem Treffpunkt der reichen Müßiggänger.

◁ **Am frühen Abend** trifft man sich gerne auf der Terrasse des Gosch Restaurants am Wenningstedter Kliff. Bei einem Glas Weißwein warten alle auf den legendären Sonnenuntergang der Nordseeinsel.

Sylt – hart am Wind in modernen Zeiten

Sylt war schon immer eine Geburtsstätte von Kuriositäten. Dazu gehört auch das Weihnachtsbaden oder Anbaden am Neujahrstag, wo sich etliche Unverwüstliche unter den Augen vieler in die eiskalte Nordsee stürzen und kurz eintauchen. Dann geht es im Galopp zurück an den Strand – in den Bademantel und zu einem Glühwein. Das ist eine Tradition an allen nordischen Küsten, doch auf Sylt wird daraus ein Riesenspektakel. Die »Show«, gepaart mit einer einzigartigen Atmosphäre, hat sich die Insel von Anbeginn an auf die Fahnen geschrieben. Manchmal banal und oft intellektuell. So schwärmte Thomas Mann von den »raubtiermäßigen Wellen, dem großen weichen Wind«. Er wohnte in Kampen im Haus »Kliffende«. Er war in guter Gesellschaft, denn Gerhart Hauptmann, Robert Musil, Stefan Zweig, Rainer Maria Rilke, Max Frisch und Günter Grass waren auch hier.

Seit 1927 kamen die Gäste mit dem Zug über den Hindenburgdamm. Auch die großen Namen des Wirtschaftswunders konnten sich dem Zauber nicht entziehen, denn Axel Springer und Berthold Beitz ließen ihre Häuser in Kampen bauen. Reiche Erben wie Gunter Sachs sorgten für die nötigen Schlagzeilen in den Gesellschaftsspalten.

Eine regelrechte Revolution ereignete sich an Buhne 16, denn dieser Strand wurde zum Revier der Freikörperkultur. Oswald Kolle und seine Frau

schlüpften aus ihren Kleidern und drehten Filme zur sexuellen Aufklärung der verklemmten Nation. Wer damals Badebekleidung trug, brauchte für den Spott nicht zu sorgen.

Legendär ist die Szene zwischen dem Theaterintendanten Boleslaw Barlog und dem Verleger Ernst Rowohlt. Der Erstere nackt, wird von dem dicken Rowohlt in Badehose als »altes Schwein« bezeichnet. Auch Romy Schneider meinte süffisant nach ihrem einmaligen Besuch: »... in jeder Welle hängt ein nackter Arsch.«

Das feine gesetzte Kampen gerät zum Tummelplatz eines schrillen Publikums, man tanzt auf den Tischen und zecht nach Herzenslust. Heute ist wieder Ruhe eingekehrt, die wilden Zeiten sind vorbei und die einstigen Heroen des Jetsets müde geworden. Nun hadert man mit dem Zuviel – zu viele Autos, zu viele Friesenhäuser, zu viele Besucher. Die Einheimischen sind kaum mehr wahrzunehmen, sie tauchen ab.

Doch die Insel bleibt im Gespräch, ist noch immer ein Aushängeschild für extravagante Ferien. Da wird zwar über die überhöhten Preise und das Menschengedrängel gemeckert, aber wer vom Syltvirus befallen ist, lässt sich nicht aufhalten. Viel zu spannend ist das Sehen und gesehen werden, die zahllosen Vernissagen in Galerien, die große Dichte an Feinschmeckerlokalen und die abendlichen Verabredungen in Bars und Nachtclubs. Über die Jahre gesehen, hat sich Sylt immer wieder selbst erfunden.

Ihr größter Schatz bleibt die Natur, die unvergleichliche Brandung, der harsche Wind mit seiner salzigen Luft und der Blick über die Wanderdünen aus weißem Sand. Man kann sich in Sylt verlieben, ganz mühelos. Daran hat sich in den letzten 150 Jahren nichts geändert.

◁ **Zum Weihnachtsbaden** treffen sich die Berliner Seehunde auf Sylt.

▷ **Der Strand von Wenningstedt** ist ein Paradies für Wasserratten.

Der Weg nach Sylt – der Hindenburgdamm

Der elf Kilometer lange Hindenburgdamm verbindet Sylt mit dem Festland von Schleswig-Holstein. Er wurde am 1. Juni 1927 nach vierjähriger Bauzeit eröffnet und dient nur dem Eisenbahnverkehr, der heute zweigleisig verkehrt. Der Damm wurde nach dem damaligen Reichspräsidenten Paul von Hindenburg benannt – spätere Umbenennungen wegen der umstrittenen Haltung Hindenburgs zu Adolf Hitler blieben erfolglos. Das gewaltige Bauwerk unterbricht den Gezeitenstrom zwischen dem Festland und der Insel, und man vermutet, dass der erhebliche Landverlust von Sylt eine Folge davon ist.

Kampen

◁ ▷ **Kampen** liegt nördlich von Westerland und wurde 1543 zum ersten Mal urkundlich erwähnt. Über Jahrhunderte war dieser Ort von der Landwirtschaft geprägt, Fischfang und Seefahrt spielten keine tragende Rolle. Wenningstedt und Kampen waren damals die Norddörfer der Insel, da wurden die Schule, die Kirche und sozialen Einrichtungen miteinander geteilt.
Erst in den 1920er Jahren wurde der Ort vom Tourismus entdeckt, bis dahin galt das ruhige Kampen eher als Geheimtipp.

◁ **Künstler und Intellektuelle** kamen in großer Zahl, darunter Thomas Mann, der gerne im Haus »Kliffende« wohnte. Nach dem Zweiten Weltkrieg wurde Kampen zum Treffpunkt der Industriellen des Wirtschaftswunders und in den 1960er Jahren rückte der Ort ins Blickfeld für Freunde der FKK-Bewegung. Heute ist Kampen immer noch eine sehr schicke Adresse. Die Prominenz bleibt unter sich, und die Feste sind inzwischen bedeutend ruhiger geworden. Seit 1913 gilt die Verordnung, dass alle Häuser mit Reet gedeckt und mit roten Ziegelsteinen verklinkert sein müssen und nicht höher als acht Meter sein dürfen. So reicht der Blick von Kampen zur Nordsee im Westen und zum Wattenmeer im Osten. Nach Süden schaut man auf eine Heidelandschaft, die einen Eindruck von Sylt vermittelt, wie es einst vor der Zersiedelung der Insel ausgesehen hat.

Kampen – das Rote Kliff

DAS ROTE KLIFF ist eine 52 Meter hohe Steilküste zwischen den Orten Wenningstedt und Kampen. Sie beginnt im Süden beim Parkplatz Risgap in Wenningstedt und endet auf der Höhe von Haus »Kliffende« in der Kampener Westheide. Jahrhundertelang diente das Rote Kliff der Schifffahrt zur Orientierung, denn weder an der dänischen und niederländischen noch an der deutschen Nordseeküste findet sich eine ähnliche geologische Gegebenheit. Doch ist diese Steilküste durch Erosion und Sturmfluten erheblich gefährdet; erst die Sandvorspülungen Ende der siebziger Jahre am gesamten Weststrand haben den Landverlust eingedämmt.

Kampen – das Rote Kliff

◁ **Der feine Sand** schimmert verführerisch im Sonnenlicht. Man beneidet den Herrn im Strandkorb, der die letzten Strahlen der Abendsonne genießt und die salzige Luft einatmet. Die Badegäste haben den Strand schon verlassen – fast ein Stillleben der berühmten Strandkörbe mit ihrem blau-weißen Bezug. Dabei entgeht ihnen jenes legendäre Licht, das dieser Steilküste den Namen Rotes Kliff gegeben hat. Es sind eisenhaltige Lehmhänge, die schwedischen Granit, norwegischen Porphyr und erratische Blöcke aus Finnland aufweisen, die mit Eiszeitgletschern auf die Insel geschoben wurden. Die tieferen Schichten stammen noch aus dem Tertiär und bestehen aus feinem Kaolinsand, den die Sturmfluten leicht wegschwemmen. So wurde das Rote Kliff ständig unterhöhlt und die Abbruchkante immer weiter nach Osten verlegt.

▷ **Ein Traumtag auf Sylt** – blauer Himmel mit ein paar kleinen Wölkchen, sanfte Brandung der Nordsee und viele freie Strandkörbe, die zum Verweilen locken. Im siebten Himmel muss der Besitzer dieses charakteristischen Friesenhauses mit wunderbarem Blick auf Strand und Meer schweben. Im Vordergrund blühen die rosafarbenen Kartoffelrosen.

Kampen – Düne Uwe

Die höchste Erhebung auf Sylt ist die Düne Uwe mit einer Höhe von 52 Metern. Sie liegt bei Kampen und wurde nach dem Sylter Jurist und Freiheitskämpfer Uwe Jens Lornsen benannt, der Anfang des 19. Jahrhunderts in Keitum lebte. Von der Düne Uwe hat man den schönsten Blick auf Kampen und seine Umgebung. Dazu muss man zuerst den Holzsteig mit seinen vielen Stufen erklimmen. Eingerahmt ist sie von einer Braundüne mit Heidekraut und Beerensträuchern – ein schöner Kontrast zur Weißdüne, wo nur etwas Strandhafer und ein paar Disteln wachsen. Die meisten Dünen auf Sylt stehen unter Naturschutz und dürfen nur auf ausgewiesenen Wegen betreten werden.

Kampen – Leuchtturm

Im Jahr 1853 erteilte der dänische König Friedrich VII. den Auftrag, an der höchsten Stelle von Sylt, dem Roten Kliff, einen Leuchtturm zu bauen. Damals gehörte die Insel noch zu Dänemark, und drei Jahre später zuckte sein Leuchtfeuer über das Meer.
Der Leuchtturm wurde zur großen Besucherattraktion und konnte damals bestiegen werden. Im Jahr 1953 erhielt der einst grau-gelbe Turm seine bekannte weiß-schwarze Fassade. Vor Kurzem wurde dieses Aushängeschild Sylt aufwendig restauriert und war für einen Tag geöffnet. Allerdings wurden die Eintrittskarten verlost, um dem Ansturm Herr zu werden.

PLAGE

Kampen – das Strandrestaurant La Grande Plage und die »Kupferkanne«

◁ **Ein wahrer Logenplatz** ist das Strandrestaurant La Grand Plage, denn auf seiner Rundterrasse kann man sich den perfekten Blick über den Strand von Kampen aussuchen. Sei es für Sonnenanbeter, die für kurze Zeit ihren Strandkorb verlassen wollen, oder als Treffpunkt für Strandläufer – bei kaltem Wetter könnte die Aussicht auf einen heißen Grog schon einen Abstecher wert sein. Sehr beliebt ist das Lokal für Feiern im kleinen Kreis, denn man kann seine Gäste mit typischer Sylter Strandatmosphäre verwöhnen.

▷ **Die »Kupferkanne«** blickt auf eine lange Tradition zurück. Kurz vor Kriegsende kam der Bildhauer Günter Rieck nach Sylt, und einer der Flakbunker bei Kampen wurde ihm als Quartier zugewiesen. In unmittelbarer Nähe der 800 Hünengräber gelegen, wurde es ein prominenter Ort, denn im Bunker nebenan schrieb Ernst von Salomon seinen Bestseller »Der Fragebogen«, kam der Schauspieler Matthias Wiemann vorbei. So war der Weg zum Künstlerlokal vorgezeichnet – der einstige Bunker wurde zu einem behaglichen Ort mit tollem Blick über die Heide und das Watt. Und immer lockt der Duft von frisch gemahlenem Kaffee.

Kampen – Restaurant Sturmhaube

EXPONIERTER GEHT ES KAUM, denn das Restaurant Sturmhaube liegt auf den Höhen des Roten Kliffs, und da dürfte der Name Sturmhaube nicht zu weit hergeholt sein. An vielen Tagen in der kalten Jahreszeit muss man sich gegen den Wind stemmen, und da ist allein schon der Anblick eines Gasthauses eine wahre Erleichterung. Bei einem Krabbenbrot mit Spiegelei, einer Sylter Spezialität, schaut man über die reetgedeckten Häuser von Kampen, und auf der anderen Seite sieht man die Dünen bis zur Nordsee. Nicht zu überbieten ist natürlich der Sonnenuntergang, wenn die Landschaft für Minuten erst in ein helles, dann dunkles Rot getaucht ist.

Die Sylter Küste in Gefahr

DIESE INSEL IST EIN SPIELZEUG für die Nordsee. Sylt schwindet – und dieses Problem wird seit dem Mittelalter beobachtet. Das Meer raubt die Substanz der Insel, denn über eine Million Kubikmeter Sand werden jedes Jahr von den Wellen davongetragen. Ganz zu schweigen von den Sturmfluten, die ganze Sandbänke wegreißen und die Steilküsten immer weiter unterhöhlen. Im Frühjahr beginnt der Aufmarsch der Bagger, die aus 15 Metern Tiefe den Sand heraufholen und vor die Küste spülen. Diese Millionen von Tonnen sollen die Insel schützen, denn begierig lecken die Wellen an den aufgeschütteten Sandbänken. Aber die Skeptiker meinen, letztendlich sei Sylt nicht zu retten. Im Jahre 2050 würde es in zwei Teile zerfallen und zur dritten Jahrtausendwende wären es schon fünf Inselreste. 700 Meter hat die Nordsee noch vor sich, bis Hörnum im Süden zum eigenständigen Eiland wird.
Am deutlichsten zeigt das »Rote Kliff« jene Verletzlichkeit, und wie ein Damoklesschwert steht eine mögliche Klimaerwärmung über Sylt. Dann würde der Meeresspiegel in den kommenden 100 Jahren um 30 Zentimeter bis eineinhalb Meter steigen, und im Gefolge helfen keine Bollwerke und Sturmverbauungen mehr.

Westerland

◁ **Wellenreiten** ist sehr beliebt auf Sylt. Kein Wunder bei diesen Windböen. Ein sportlicher Höhepunkt ist der Surf-Weltcup vor Westerland. Starke Nordwestwinde und eine schwer einzuschätzende Brandung bieten starke Herausforderungen für die Weltklasse-Surfer. Sie treffen sich jedes Jahr Ende September am Brandenburger Strand für ihre Wettkämpfe in verschiedenen Disziplinen. Darunter das Wellenreiten mit spektakulären Sprüngen und Loopings, sehr zum Gefallen der zahlreichen Zuschauer. Doch an sonnendurchfluteten Tagen und bei leichten Wellen lässt es sich auch ganz entspannt am Strand entlang cruisen.

▷ **Westerland** ist die größte Stadt auf Sylt, im Hintergrund sieht man sogar ein Hochhaus. Gegründet nach der Allerheiligenflut 1436, war der Ort jahrhundertelang bitterarm. Mitte des 19. Jahrhunderts regte sich der Tourismus mit den Sommerfrischlern, doch erst der Badetourismus in den zwanziger Jahren brachte viel Geld in die Stadtkasse – besonders die jüdische Bevölkerung kam in dieses mondäne Seebad. Im Dritten Reich war ihnen der Zutritt verboten, und Westerland verlor einen großen Teil seiner Besucher. Ein wahrer Bauboom erfasste Westerland in den sechziger Jahren, und viele zauberhafte Villen fielen schmucklosen Appartementhäusern zum Opfer. Seit Kurzem bilden Westerland und Rantum die neue Gemeinde Sylt.

Westerland

◁ **Die Friedrichstrasse** ist die wohl bekannteste Flaniermeile auf Sylt. Sie liegt im Zentrum von Westerland und beginnt kurz hinter der Kurpromenade. In der Hauptsaison drängeln sich hier die Menschen, denn es gibt neben Modeboutiquen, Souvenirgeschäften und Buchläden viele Restaurants und Cafés. Die Friedrichstraße ist Fußgängerzone und führt vom Bahnhof direkt zum Meer. Kein Wunder, dass viele Besucher ihre ersten Eindrücke vom schicken und teuren Sylt auf dieser Promenade gewinnen.

▷ **Deutschlands nördlichstes Casino** ist neben dem Rathaus in diesem denkmalgeschützten Gebäude mit seiner gediegenen Architektur des frühen 20. Jahrhunderts untergebracht. Im Spielsaal mit seinen eindrucksvollen weiß abgesetzten Kreuzbögen herrscht eine sehr entspannte Atmosphäre. Am 6. Juni 1949 öffnete das Casino mit fünf Roulettttischen und einem Baccara-Spiel. Heute gibt es, ganz im Zeitgeist, viele Automaten, dazu Roulett, Black Jack und Poker, das eine sensationelle Renaissance erfahren hat und viele Glücksritter ins Casino bringt. Darunter auch Einheimische, die bis 1977 nicht im eigenen Casino spielen durften.

ALTER KURSAAL
AM RATHAUSPLATZ
SPIELBANK
RATHAUS

Westerland – Sylt Aquarium

◁ **Das Sylt Aquarium** im Süden von Westerland lockt mit dem Motto »Eine Welt, zwei Ozeane«, denn es sind Fische aus der Nordsee und tropische Fische von den Korallenriffen zu sehen. Das Aquarium wurde 2004 eingeweiht und liegt direkt an den Dünen des Zentralstrandes, wo es durch eine Rohrleitung mit Frischwasser aus der Nordsee versorgt wird. In 25 Salzwasseraquarien kann man ungefähr 2000 Fische beobachten, die sich in naturnaher Umgebung bewegen.

▷ **Die grössten Becken** des Sylt Aquariums sind die 500 000 Liter fassende »Korallenwelt« und das mit 170 000 Litern gefüllte »Helgoland«.
Beide werden durch einen zehn Meter langen Tunnel aus Acryl unterquert. Das ist ein besonderes Erlebnis, denn es vermittelt eine völlig andere Perspektive vom Leben im Meer. Lautlos gleiten die Bewohner der Korallenriffe – darunter Riffhaie, verschiedene Rochenarten, Katzenhaie und Lippfische – über den Köpfen der Besucher durch das Wasser. Aus der Nordsee kommen Goldbrassen, Seezungen, Wolfsbarsche und Meeraale. Der Star des Hauses ist ein Sägefisch, der mit seinem ungewöhnlichen Aussehen außer auf Sylt nur noch in einem Aquarium im englischen Hull bewundert werden kann.

Westerland – Hotel Stadt Hamburg

◁ Aus einer Patriziervilla entstanden ist das kleine Grandhotel Stadt Hamburg in Westerland – es blickt auf eine Familientradition von mehr als 130 Jahren zurück. Jedermann wird wie magisch von dem weißen Gebäudekomplex an der Fußgängerzone der Strandstraße angezogen, weil es wie eine Ikone von Stil, Charme und Zurückhaltung inmitten des oftmals lauten Westerland steht. Die Einrichtung seiner 72 Zimmer und Suiten steht in bester hanseatischer Tradition mit dem berühmten englischen Touch. Das Hotel wird von Monika und Harald Hentzschel in dritter Generation geführt und kann sich auf einen hohen Anteil an Stammgästen stützen, die oft mehrmals im Jahr nach Sylt kommen.

▷ Die Sylter blaue Eingangstür eröffnet die Welt eines eleganten englischen Gutshauses mit Kaminzimmer und Leseraum – zu den Zimmern führen viele Stiegen und lange Flure. Ganz im Zeitgeist liegt das Wellnesszentrum mit Beautyfarm, Indoorpool und Fitnessraum für die Tage, wo sich das Wetter allzu garstig benimmt. Doch für Sonnenstunden ist der Garten vor dem Hotel ganz verführerisch, denn das »Sehen und gesehen werden« während der nachmittäglichen Tasse Tee ist schlichtweg reizvoll.

HOTEL STADT HAMBURG

Westerland – die Musikmuschel

◁ **Seit mehr als 140 Jahren** gehören die Musikmuschel und die Musik am Meer zu Westerland wie der Sand zum Strand. Hier verbindet sich die Tradition der vorletzten Jahrhundertwende mit dem Zeitgeist. So hat der Pavillon der Musikmuschel mehrmals sein Gesicht verändert, und die Musik wird nach dem jeweils aktuellen Trend arrangiert. Zwischen Mai und Oktober verwöhnen die »Romada Singers« ihr Publikum in gut 300 Konzerten mit Schlagern, Evergreens und Musical-Melodien. Im August und September präsentiert das Orchester Camerata Budapest populäre Werke aus Oper und Operette.

▷ **Anfangs** gab es einen kleinen Pavillon, der 1879 gebaut wurde, und die Bühne konnte man je nach Wetter zur hölzernen Plattform oder zum Strand öffnen. In den ersten Jahren spielten Prager Musikanten im Sommer, doch ab 1886 wurde eine feste Kurkapelle engagiert. Von nun an gehörte die Musik zum gesellschaftlichen Leben des Heilbades – 1898 wurde unter ihren Klängen das Westerländer Kurhaus, das heutige Rathaus, eingeweiht. Auch der Pavillon veränderte sich, wurde breiter und war von filigranen Türmchen eingerahmt. 1908 entstand mit der runden Musikmuschel eine völlig neue Architektur, doch die Sturmflut von 1911 zog das Gebäude ins Meer. Im Jahr 1949 entstand die heutige Musikmuschel, deren Dach 1991 mit Kupferblech verkleidet wurde.

Nationalpark Schleswig-Holsteinisches Wattenmeer

1985 GEGRÜNDET und 1999 wesentlich erweitert – der Nationalpark Schleswig-Holsteinisches Wattenmeer gehört seit 2006 zum UNESCO-Weltnaturerbe. Er reicht von der deutsch-dänischen Seegrenze im Norden bis zur Elbmündung im Süden. Dazu gehört im nordfriesischen Teil das Watt rund um die Geestkern- und Marschinseln und die Halligen. Dort ist das Watt teilweise 40 Kilometer breit. Weiter südlich liegen Wattgebiete, wo größere Sandbänke vorkommen. Mit 4140 Quadratkilometern ist das Wattenmeer der größte Nationalpark Deutschlands; die Landgebiete sind nicht bewohnt und bestehen meist aus Salzwiesen, Dünen und Sandbänken. Zwei Drittel der Fläche des Nationalparks stehen ständig unter Wasser, denn 30 Prozent sind Watt, das bei Niedrigwasser trocken liegt.

Die große Besucherzahl, die beachtliche Ausdehnung und die lange Grenze gestalten die Überwachung des Nationalparks sehr schwierig. Hinzu kommt, dass die Inseln auch ihre Einwohner als Bauern und Fischer ernähren müssen, denn an den Grenzen leben gut 290 000 Menschen. Da gibt es Konfrontationen mit Krabbenkuttern, und Schafe, die seit Menschengedenken auf den Salzwiesen weiden. Aber zum Schutz dieser bedrängten Natur sind klare Regeln nötig – wer möchte schon auf Appartements statt auf Dünen schauen? Niemand kann sich der großen Ruhe und Faszination eines winterlich erstarrten Watts entziehen.

List

◁ **Das Listland** vermittelt den Zauber des einstigen Sylt. So hat es vor 150 Jahren in vielen Teilen der Insel ausgesehen. Es war eine Landschaft aus Dünen, großen Heideflächen und ganz wenigen Häusern. Durch den Nationalpark konnte viel unversehrtes Sylt erhalten werden: die Wanderdünenlandschaft wirkt wie eine »Sahara des Nordens«. Nur wenige Kilometer von den Zentren der Schickimicki-Insel entfernt vernimmt man nur noch die Geräusche des Windes und das leichte Plätschern der Wellen im Wattenmeer. Seit Jahrhunderten weiden die Schafe in der Heide.

▷ **Die dänische Gründung List** wurde 1262 zum ersten Mal erwähnt. Heute ist es die nördlichste Gemeinde Deutschlands und Mitglied im Zipfelbund. Letzterer ist eine Aktion vier deutscher Orte in äußerster Grenzlage wie Oberstdorf im Allgäu, Görlitz an der Neiße, Selfkant an der niederländischen Grenze und eben List. Und noch ein Superlativ: Listland markiert die nördliche Grenze des deutschen Sprachraums – das südliche Pendant findet man im schweizerischen Zermatt. Höchst dekorativ schmiegen sich die Wohnhäuser im friesischen Stil mit tief heruntergezogenen Reetdächern in die Landschaft aus Sand und Heide. Bis zum Ersten Weltkrieg bestand List nur aus zwei Höfen, dem Ost- und dem Westhof.

ALTE
TONNENHALLE

List – Alte Tonnenhalle und Wanderdünen

◁ **In der Tonnen- und Bootshalle** des alten Lister Hafens wurden früher Seezeichen und Boote gelagert. Heute ist die »Alte Tonnenhalle« ein lebendiger Teil des neu gestalteten Hafens mit vielen Geschäften, die zum Stöbern und Bummeln einladen. Das Seebad List ist die nördlichste Gemeinde Deutschlands und wurde 1292 zum ersten Mal erwähnt. Bis zum Ersten Weltkrieg bestand List nur aus zwei Höfen, dem Ost- und dem Westhof. Zwischen den beiden Weltkriegen entstand ein Seefliegerhorst, von dem Wolfgang von Gronau zu seiner spektakulären Weltumrundung mit dem Wasserflugzeug startete.

▷ **Die letzte Wanderdüne** Deutschlands befindet sich in Listland. Durch die kräftigen Westwinde ist diese Düne in ständiger Bewegung nach Osten. Das Gelände steht unter Naturschutz und darf nur auf den ausgeschilderten Wanderwegen betreten werden. Viele Dünen wurden im Laufe der Zeit bepflanzt, um die Wanderung etwas einzuschränken, doch die großen Sandflächen bewegen sich immer noch zwischen drei und sieben Metern. Früher wurden ganze Ackerflächen, Wiesen und sogar Häuser von den Dünen begraben. Bis zum Ende des 19. Jahrhunderts waren der Norden und der Süden der Insel von Wanderdünen bedeckt.

List – Wattenmeerstation Sylt

DIE WATTENMEERSTATION gehört zur Stiftung Alfred-Wegener-Institut für Polar- und Meeresforschung und untersucht die ökologischen Prozesse im Flachmeer rund um die Insel. Die Station befindet sich an der Schnittstelle zwischen Nordsee und Wattenmeer – hier können der Stoffaustausch und die Dynamik zwischen Land, Watt und Meer optimal gemessen werden.
Die ökologische Erforschung des Sylter Wattenmeers begann schon Mitte des 19. Jahrhunderts. Der Zoologe und Begründer der Meeresbiologie Karl August Möbius (1825–1908) untersuchte die Austernbänke vor List und prägte danach den bis heute gültigen Begriff der Biozönose.

Morsum

◁ **Die Holzbuhnen am Morsum-Kliff** waren eine Schutzmaßnahme für die Küste, denn seit Menschengedenken ist der Landverlust auf Sylt ein Problem. Die Brandung und natürlich die Sturmfluten nagen ständig an der Insel. Ein Hilfsmittel sollten die Buhnen sein, die im rechten Winkel zum Strand in das Meer reichten. Die ersten Buhnen wurden Mitte des 19. Jahrhunderts gebaut und waren aus Holz, später aus Beton. Sie erwiesen sich allerdings als Fehlschlag, denn sie konnten die Landabtragung nicht verhindern.

▷ **Das Morsum-Kliff** ist eine geologische Besonderheit. Vor einer halben Million Jahren entstand die 1800 Meter lange und 21 Meter hohe Steilküste während der Saale-Eiszeit. Schon 1923 wurde das Morsum-Kliff unter Naturschutz gestellt, denn eigentlich sollten die zehn Millionen Jahre alten Erdschichten für den Bau des Hindenburgdammes abgetragen werden. Doch engagierte Nichtinsulaner konnten das verhindern – begünstigt auch durch den Ersten Weltkrieg, der den Bau zunächst auf Eis legte. Das Morsum-Kliff im Osten ist weniger der Erosion ausgesetzt als das Rote Kliff, und so lassen sich hier die versteinerten Ablagerungen des Vorläufermeeres mit tropischer Flora und Fauna finden. Über 100 Schnecken- und Muschelarten, versteinerte Haie, Wale und Krebse kamen bisher zutage.

EGEL
SÖRENSEN
Friedrich Johannsen
ANTON MEINERTZ

Morsum

MORSUM liegt im Osten der Insel inmitten einer Heidelandschaft, eingerahmt vom Nationalpark Schleswig-Holsteinisches Wattenmeer. Im 15. Jahrhundert gegründet, war es eine Siedlung der Bauern und Fischer – seinen dörflichen Charakter konnte es bis in die heutige Zeit bewahren. Etwas Leben kam mit dem Bau des Bahnhofs, denn hier beginnt der Hindenburgdamm.

◁ DIE KIRCHE ST. MARTIN, 1240 zum ersten Mal urkundlich erwähnt und ganz in der Tradition der schleswig-holsteinischen Marschgebiete aus Tuffstein gebaut, hat eher bescheidene Ausmaße. Sie ist dem heiligen Martin von Tours gewidmet. Sie steht etwas abseits des Ortes auf einer Anhöhe in den Marschwiesen, und das Geläut wird von einem separat stehenden Glockenstapel getragen.

▷ DAS MORSUM-KLIFF HOTEL ist ein zauberhaftes kleines Gasthaus mit zehn Zimmern. Es wird von Renée Kreis und Rudolf Schwenn geführt und wurde 2003 eröffnet. Es liegt mitten im Naturschutzgebiet Morsum-Kliff mit seiner Heide- und Dünenlandschaft. Von hier aus lassen sich schöne Wanderungen und auch sachkundige Führungen in die eigenwillige Landschaft des Kliffs beginnen. Auch die gelb-weiß gestreiften Strandkörbe vor dem Hotel sind ganz verführerisch, und auch so kann man die Sylter Luft bei einem Glas Champagner genießen.

Tinnum

Tinnum wurde 1350 gegründet und gehört zur heutigen Gemeinde Sylt-Ost. Hier liegt auch der Flughafen, der jedes Jahr rund 100 000 Passagiere auf der Insel empfängt.
Am Rande des Dorfes sieht man einen sieben Meter hohen, begrünten runden Wall, die Tinnum-Burg. Sie wurde vor 2000 Jahren von den Friesen erbaut und diente als Versammlungsort. Heute sind nur mehr Überreste zu sehen. Aufgrund ihrer Höhe ist die Tinnum-Burg eine ideale Aussichtsplattform. Beim traditionellen Biikebrennen am 21. Februar sind die lodernden Feuer der umliegenden Orte von hier aus gut zu beobachten.

1925
HOBIE CAT
400
388

Wenningstedt

Wenningstedt wurde 1859 Seebad und ist heute nach Westerland der größte Badeort auf der Insel. Eine Vorläufersiedlung liegt zwei Kilometer vor der Küste versunken in der Nordsee. Über viele Jahrhunderte bestand der Ort nur aus acht Höfen, die Einwohner lebten von der Landwirtschaft und dem Fischfang. Viele Männer fuhren auf Walfangschiffen ins Nordmeer oder ließen sich von Hamburger Reedereien für den Heringsfang anheuern. Erst mit dem Beginn des Tourismus Mitte des 19. Jahrhunderts begann der Ort zu wachsen. 1914 wurde die Friesenkapelle am Dorfteich gebaut.
In der Zeit des Dritten Reiches besaß Feldmarschall Hermann Göring ein Sommerhaus in Wenningstedt. Während des Zweiten Weltkriegs war in den Dünen – auf der Höhe des heutigen Campingplatzes – eine schwere Seezielbatterie stationiert. Es kam jedoch zu keinen Gefechten, und die Anlage wurde in den fünfziger Jahren von den englischen Besatzungstruppen gesprengt. Heute zählt die Gemeinde 1550 Einwohner und rund eine Million Übernachtungen im Jahr. Zu den Sehenswürdigkeiten gehört das Naturschutzgebiet Braderuper Heide. Die urwüchsige Heidelandschaft grenzt unmittelbar an den Nationalpark Schleswig-Holsteinisches Wattenmeer und erlaubt stundenlange Wattwanderungen.

1040
1006
1077
1097

Strand von Wenningstedt

Der lange Sandstrand unterhalb des Kliffs ist die Hauptattraktion von Wenningstedt – er zieht sich über die gesamte Länge des Ortes hin. Das Markenzeichen der Sylter Strände sind die Strandkörbe. 12 000 gibt es auf der Insel, und jeden Winter werden die blau-weißen Ungetüme eingesammelt – viele müssen repariert werden. Das können schon mal 2000 Stück sein, und die Zeit ist kurz, denn im März beginnt schon wieder die Saison für die ganz Unerschrockenen. Um die 200 Kilo wiegt ein Strandkorb, und gelegentlich wird auch einer gestohlen. Meist von Einheimischen, denn in den Kofferraum eines Urlaubers dürfte er kaum passen.

Auch das Sitzen in Luft und Sonne ist kostspielig auf Sylt, denn die Miete pro Tag für den Strandkorb liegt in der Hauptsaison bei Euro 9,50. Doch die Zahlen sind rückläufig, denn viele sind nicht nur am Strand, sondern treiben Sport oder gehen einkaufen. Nach zehn Jahren werden die Strandkörbe ausgemustert – die neuen sind mit einem Computerchip ausgestattet. Da kann der Strandkorbwärter mit seinem tragbaren Computer mühelos feststellen, welcher Strandkorb für wie lange vermietet ist.

Wenningstedt – der Denghoog

◁ **Das rund 5000 Jahre alte Steingrab** gehört zu den bedeutendsten in Nordeuropa. Die ovale Grabkammer wird von zwölf Tragsteinen eingefasst, auf denen drei rund 20 Tonnen schwere Decksteine ruhen. Die Kammer ist über eine Leiter zu erreichen. Im Jahr 1868 wurde der Denghoog durch den Archäologen Ferdinand Wibel erforscht. Er fand Teile von menschlichen Skeletten, Reste von Bestattungen, dazu Grabbeigaben wie Trichterbecher, Flintbeile, Feuersteinklingen, Perlen aus Bernstein und eine Keule aus grünlichem Porphyr. Ein Teil der Funde ist im Sylter Heimatmuseum ausgestellt.

▷ **Restaurants direkt am Strand** sind auf Sylt sehr beliebt, denn wer kann sich schon der Faszination des Meeres entziehen. Ganz besonders reizvoll ist die Stimmung bei Sonnenuntergang, wenn die Brandung nur noch gegen den Strand plätschert und sich der Himmel in den aufregendsten Rottönen darstellt. Nur wenige Minuten dauert das Schauspiel, dann fällt der Sonnenball ins Meer, und es wird dunkel. Dann fehlt zum Glück nur ein Tisch am Fenster, um auch beim Abendessen der einmaligen Atmosphäre der Nordseeinsel ganz nahe zu sein.

Hörnum-Odde

Der traumhaft schöne Südzipfel der Insel Sylt – das ist Hörnum-Odde. Die Farbe des Meeres und der feine Sandstrand, wie auf dem Bild zu sehen, können in der Karibik nicht schöner sein. Diese Idylle verrät nichts von dem Schrecken, den die Strömungen und das schwierige Fahrwasser rundum bedeuten können. Im Laufe der Jahrhunderte strandeten viele Schiffe an der Hörnum-Odde. Unerbittlich arbeitet das Meer an dieser Landzunge, verschwinden vorgelagerte Sandbänke innerhalb kurzer Zeit auf Nimmerwiedersehen. In den letzten 30 Jahren ist die Südspitze um die Hälfte geschrumpft – da haben alle Schutzmaßnahmen mehr geschadet als genutzt.

Hörnum

◁ **Die Hamburger Reederei Hapag** errichtete im Jahr 1901 in Hörnum einen Anleger für ihre Ausflugsdampfer. Das war der Beginn des Badeorts Hörnum. Im selben Jahr fuhr der erste Zug der 1970 stillgelegten Inselbahn von Hörnum nach Westerland. Vom Hörnumer Hafen fahren heute die Schiffe nach Helgoland, Amrum, Föhr und zu den Halligen. Im Vergleich zu den übrigen Orten auf Sylt gab es einen gesetzten Tourismus, doch das 2009 eröffnete Fünf-Sterne-Hotel Budersand zieht ein völlig neues Publikum in diese Ecke der Insel – angelockt von der zeitgenössischen Architektur des Hauses, einem Novum für Sylt, und natürlich vom Golfplatz.

▷ **Einen 34 Meter hohen Leuchtturm**, der in sogenannter Serienbauweise hergestellt wurde, bekam Hörnum am 8. August 1907. Er steht auf einer 16 Meter hohen Düne, die maximale Reichweite des Feuers beträgt 19 Seemeilen. Seit Ende 1977 ist der Turm unbemannt und wird ferngesteuert. Die Insel Pellworm und Westerhever auf der Halbinsel Eiderstedt erhielten ein Leuchtfeuer gleicher Bauart. Zwischen 1914 und 1933 diente ein Zimmer des Leuchtturms Hörnum als Schule, und der Unterricht fand in 30 Metern Höhe statt – es war Deutschlands kleinste Schule mit zwei bis fünf Schülern. Der Leuchtturm kann besichtigt werden –, und man kann dort oben auch heiraten.

Braderuper Heide

Die 140 Hektar grosse Braderuper Heide liegt zwischen den Dörfern Kampen und Braderup. Zahlreiche Wanderwege erschließen diese einzigartige Landschaft. Im Gegensatz zu den Heideflächen an der Westküste mit dem Einfluss der Nordsee ist der Osten eine von Menschen stark beeinflusste Kulturlandschaft. Die Rodung der Wälder führte zur Bodenerosion, und die Geestheiden entstanden.
Bis in die Nachkriegszeit hinein wurde die Heide als Brennmaterial und Stalleinstreu genutzt. Jeder Dorfbewohner durfte seine Tiere auf der Allmende, dem gemeinschaftlichen Besitz, weiden. Die Hälfte aller Heideflächen in Schleswig-Holstein liegt auf der Insel Sylt – die charakteristischen Pflanzen hier sind die Krähenbeere mit ihrer Blüte im April und Mai, die Glockenheide im Juli und ab Ende August die Besenheide. Einzig die aparte rosafarbene Kartoffelrose, eingeführt in den zwanziger Jahren aus Kamtschatka, ist ein Schädling, denn mit ihrem Wurzelwerk verdrängt sie die einheimischen Arten.
Die Heidevegetation muss gepflegt werden, damit sie nicht zu einem waldähnlichen Gestrüpp wuchert. Seit 1999 werden Schafe zum Abweiden eingesetzt. Von den ehemals großen Heideflächen zwischen Kampen und Keitum gibt es nur noch jenes Stück bei Braderup. Die Kampener Heide ist weitgehend bebaut, und südlich von Braderup wurden Kiesgruben angelegt.

Keitum

◁ **An der Ostseite von Sylt** liegt Keitum. Über dem Grünen Kliff ist es eingebettet in das Grün alter Ulmen, Linden, Buchen und Kastanien. Keitum war im 19. Jahrhundert die Inselhauptstadt, bevor ihm das aufstrebende Westerland den Rang ablief. Mit dem Verlanden des Hafens um 1865 versank Keitum in die Bedeutungslosigkeit, denn dort hatte der größte Teil des Warenumschlags für Sylt stattgefunden. Damals legten auch Postschiffe und Ausflugsdampfer an.
Mit dem Bau des Hindenburgdamms erhielt Keitum Anschluss an die Eisenbahn, und der Fremdenverkehr begann zu blühen, hatte aber immer den Touch des Vornehmen. Intellektuelle wie der Intendant des Berliner Schiller Theaters, Boleslaw Barlog, lebten hier und trafen sich mit dem Verleger Ernst Rowohlt.

▷ **Der historische Ortskern** mit vielen Friesenhäusern gilt als das schönste Dorf auf der Insel. Zu Fuß sollte man die Reetdachhäuser, die hübschen Bauerngärten und die uralten Friesenwälle der Kapitänshäuser erkunden. Hier wohnt viel Prominenz, und so wird in jedem August ein Polo-Turnier auf den Keitumer Wiesen veranstaltet.
Keitum wurde 1216 zum ersten Mal erwähnt, und im 17. und 18. Jahrhundert wohnten hier viele wohlhabende Kapitäne, sodass dieser Ort als einziger auf der armen Insel einen gewissen Wohlstand vorzeigen konnte. Ein Beispiel ist der Mühlenhof Keitum.

St. Severin in Keitum

◁ **Aufwendig ausgestattet** ist die Kirche St. Severin. Die Kronleuchter in Messing stammen aus den Niederlanden und wurden in den Jahren 1683, 1698 und 1700 von Kapitänen gestiftet. Seit 1999 besitzt die Kirche eine neue Orgel – sie ersetzt die Vorgängerin aus dem Jahre 1787 –, die mit 46 klingenden Registern die größte Kirchenorgel in Nordfriesland ist. Das Kirchenschiff hat zwei Emporen: Die Westempore stammt von 1699 und die Nordempore von 1724. Das älteste Stück ist der Taufstein aus dem 12. Jahrhundert, der aus rheinischem Sandstein hergestellt wurde. Im quadratischen Sockel sind vier Löwen zu sehen.

▷ **Dem hl. Severin von Köln** ist die Keitumer Kirche geweiht, einem Bischof aus dem vierten Jahrhundert, sie steht abseits von Keitum auf der höchsten Erhebung des Sylter Geestkerns. Im Jahr 1240 wurde sie erstmals erwähnt, viel später, um 1450, entstand der Kirchturm und diente bis 1603 als Seezeichen. In vorchristlicher Zeit befand sich an dieser Stelle ein Odinsheiligtum. Das romanische Kirchenschiff besteht im unteren Bereich aus Granitquadern, darüber wurden Tuffstein und Backstein verwendet. Verschiedene Friese verzieren die Wände. An der Südseite ist ein Vorhaus angefügt, das als Kalfaster bezeichnet wird. Es diente vermutlich als Aufwärmraum und wurde 1979 zur Sakristei umgebaut.

Keitum – Harhoog

Der Harhoog ist ein Hünengrab mit einem halbhohen Eintrittsstein als Zugang zu der Megalithanlage. Es ist nicht mehr der Originalstandort, denn für die Erweiterung des Flughafens 1954 hat man die Steingebilde an den Rand des Watts verlegt. Der Harhoog wurde 1925 in der Weenk genannten Anhöhe östlich des Wäldchens zwischen Keitum und Tinnum entdeckt, als man dort Sand zum Bau des Hindenburgdamms gewann. Es besteht aus einer Grabkammer mit Steinkreis und wurde wohl um 3000 v. Chr. in der Ära der Trichterbecherkultur errichtet. Im Jahr 1936 hatte man das Grab wissenschaftlich untersucht, ohne bedeutende Erkenntnisse zu gewinnen.

Altfriesisches Haus
EINGANG

Keitum

◁ **Das Altfriesische Haus** mit seiner charmanten Klinkersteinfassade ist eine wahre Augenweide. Es liegt mitten in Keitum und wurde 1739 gebaut. Der Heimatforscher Christian Peter Hansen lebte dort von 1850 bis 1879. Die ursprüngliche Aufteilung der Wohnräume ist erhalten und vermittelt auf sehr anschauliche Weise, wie die Friesen im 18. und 19. Jahrhundert gewohnt haben. Da gab es einen Alltagswohnraum (Kööv) und eine gute Stube (Pesel), Kellerkammer, Speisekammer sowie eine Küche mit offener Feuerstelle und Herd. In den Wandschränken waren Sitzbetten eingebaut. Wie in jener Zeit üblich, waren Stall und Dreschtenne unter demselben Dach.

▷ **Der »Söl'ring Foriining e.V.«**, ein 1905 gegründeter Verein zur Erhaltung und zum Schutz von Küste, Landschaft und Volkstum der Insel Sylt, hat das Altfriesische Haus zu neuem Leben erweckt. Viele von den Sammlerstücken, die heute hier zu sehen sind, hat Christian Peter Hansen zusammengetragen. Behaglich und sehr elegant wirkt der Wohnraum in seiner grünen Farbe mit den bemalten Decken, den reich verzierten Türen und dem vornehmen Mobiliar. Ganz unwillkürlich fällt der Blick in den Alkoven mit seinen schweren Leinenstoffen.

Keitum

◁ AUSTERNFISCHER PAUL WALTER zeigt seine gute Ausbeute von den Austernbänken in der Blidselbucht bei List. Die legendäre Sylter Auster *Ostrea edulis* ist allerdings seit einem halben Jahrhundert ausgestorben – allzu groß war das Verlangen nach der Meeresspezialität. Da war das dänische Königshaus, dann die Preußen und zum Schluss die nimmersatten Hamburger, die Austern tonnenweise verspeisten. Heute schlürft man einen japanischen Import, die Felsenauster *Crassostrea gigas*, die sich viel leichter züchten lässt und einen kräftigeren Geschmack hat als ihre europäische Verwandte. Ob man das Meerestier pur, mit Zitrone oder gar Worcestersoße bevorzugt – es muss nach Meerwasser schmecken.

▷ DAS SYLTER HEIMATMUSEUM in Keitum wurde im Jahr 1905 vom »Söl'ring Foriining e.V.« gegründet. Ein imposantes Paar von Walknochen steht am Eingang des Museums, das in einem Haus von 1759 untergebracht ist. Gezeigt werden friesische Handwerkskunst, Trachten und Schmuck bis hin zu Münzen aus der Wikingerzeit. Ein Raum ist Uwe Jens Lornsen (1793–1838) gewidmet, dem Vorkämpfer für ein geeinigtes und eigenständigeres Schleswig-Holstein zu Beginn des 19. Jahrhunderts.

Einlass bis
16.30 Uhr
SYLTER
HEIMATMUSEUM

Rantum

EINE SOLCHE STIMMUNG bleibt unvergesslich, und das dürfte auch einer der Gründe für die Beliebtheit der Insel sein: Das unmittelbare Erleben von Natur. Davon ist Rantum ganz besonders betroffen, denn immer wieder wurden seine Häuser von Wanderdünen begraben oder von Sturmfluten zerstört. Allein vier Kirchen sind im Laufe der Jahrhunderte aufgegeben worden. Mit Wattenmeer und Nordseestrand, die an dieser Stelle Sylts nur mehr 700 Meter auseinander liegen, bietet Rantum die Vorzüge Sylts auf engstem Raum. Um weitere Schäden durch Sturmfluten zu verhindern, wurde auf der Ostseite ein Schutzdeich gebaut.

Rantum

◁ **Der Austernfischer** – schon von Weitem sind diese aparten Vögel an ihren langen roten Schnäbeln und Beinen zu erkennen. Der Austernfischer ist der typische Vogel des Wattenmeeres – er wird auch Halligstorch genannt. Zum Überwintern fliegen sie zur Iberischen Halbinsel oder an die Küste Schottlands. Ihre Reise beginnen sie nach dem Ende der Brutzeit: manche schon ab Mitte Juli, die meisten jedoch Ende August. Sie ernähren sich von Borstenwürmern, Muscheln, Krebsen und Insekten.
An der Küste sind die Austernfischer von der Tide abhängig, daher sind sie Tag und Nacht auf Nahrungssuche. Außerhalb der Brutzeit sind sie sehr gesellig, doch das Gelege wird aggressiv verteidigt.

▷ **Die Eidumer Vogelkoje** gehört zum Vogelschutzgebiet und Europareservat Rantum-Becken und liegt zwischen Rantum und Westerland. Im Beobachtungshäuschen kann man ungestört Vögel beobachten. Der Name Eidum stammt von der Stadt, die 1437 in den Sturmfluten versank und als Westerland wieder aufgebaut wurde. Eine Vogelkoje war eine Einrichtung zum Entenfangen, die es auf den Nordfriesischen Inseln seit dem 19. Jahrhundert gab. Mithilfe von gezähmten Lockenten wurden die Wildenten während des Vogelzugs angelockt, gefangen und getötet. Die Eidumer Vogelkoje wurde von 1874 bis 1934 genutzt und steht heute unter Denkmalschutz. Dort gibt es auch ein Informations- und Schulungszentrum.

Rantum – Söl'ring Hof

◁ **Allein die Lage** ist ein Traum – mitten in der Dünenlandschaft von Rantum liegt das großzügig dimensionierte Friesenhaus mit herrlichem Blick auf Strand und Meer. Gerade einmal 16 Zimmer und Suiten machen den Söl'ring Hof fast schon zu einem Privathaus. Claudia Reichelt und Johannes King schaffen eine Atmosphäre von großer Wohnlichkeit – das beste Beispiel ist die Kaminbar, wo man sich nach windigem Strandspaziergang allzu gern zu einem Glas französischen Cognac trifft.

▷ **Das Restaurant** hat mehr noch als das Hotel einen legendären Ruf – nicht nur auf Sylt, sondern in ganz Deutschland. In der Riege mit Holger Bodendorf vom Landhaus Stricker und Jörg Müller besetzt Johannes King die Liga der genialen Köche. Seit dem Sommer 2000 kocht der geborene Schwarzwälder im Restaurant des Söl'ring Hof und begeistert mit klassischen Gerichten wie Gänseleber auf Aal oder Salzwiesenlamm mit gegrillten Jakobsmuscheln. Dabei kann man Johannes King bei der Kreation seiner Verführungen zuschauen, denn alles wird in einer offenen Landhausküche hergestellt. Ein großer Erfolg sind seine Kochkurse, denn wer möchte einem mit zwei Michelin-Sternen dekorierten Koch nicht einmal in die Töpfe gucken.

Rantum – die »Sansibar«

◁ HERBERT SECKLER hat es mit der »Sansibar« geschafft, in der ganzen Bundesrepublik zu einem festen Begriff zu werden. Von außen ist das Lokal in den Rantumer Dünen eher unspektakulär, doch drinnen geht die Post ab. Alle reißen sich um einen Tisch, seien es die Stammgäste oder jene, die zum ersten Mal nach Sylt kommen. Ob abends oder mittags – oftmals wird das ganze Lokal für eine Feier gemietet. Das Essen ist exzellent und reichlich, dazu gibt es eine üppige Weinkarte. Ein Besuch im Weinkeller ist ein Erlebnis, denn bis zur Decke türmen sich die Flaschen. Dazu kommt die schöne Lage direkt am Strand von Rantum, wo sich der Charme von Sylt so unmittelbar genießen lässt. Aufs Vermarkten versteht sich der gewichtige Schwabe, und da ist es schon eine Tradition, dass die Passagiere der »MS Europa« mit den Zodiacs zu seinem Restaurant kommen.

▷ DAS LOGO DER »SANSIBAR« mit den gekreuzten Piratenschwertern ist allgegenwärtig – seien es die Etiketten des Weinkellers, T-Shirts, Sweater, Anoraks, und zu guter Letzt sind nun auch Schuhe zu kaufen. Selbst als Autoaufkleber kann man die »Sansibar« herumfahren, doch das Logo von Sylt ist wohl nicht zu übertreffen.

Seute Anna
Rösti-
STATION
TAITTINGER

Fischrestaurant »Alte Bootshalle« am Hafen von List

◁ **Der Initiative von Jürgen Gosch** ist es zu verdanken, dass aus dem ehemaligen Schandfleck des Lister Hafens wieder ein Treffpunkt geworden ist. Er hatte die »Alte Bootshalle« gekauft, und das restliche Gelände wurde saniert. Für den Sylt-Besucher ist »Gosch« ein Pflichttermin, kaum eine Sylter Adresse kann auf ein solches Renommee verweisen. Da steht an erster Stelle die lockere seemännische Atmosphäre, und obwohl die Preise eher gehoben sind, an der guten Qualität der Fischgerichte gibt es keinen Zweifel. Sehr begehrt sind Nordseekrabben mit einer Knoblauchsoße, aber auch die Austern lassen keine Wünsche offen.

▷ **Geräucherter Fisch** ist eine Spezialität in ganz Schleswig-Holstein und natürlich auch auf den friesischen Inseln. Daher sollte man auf Sylt keineswegs auf die geräucherten Austern von den inseleigenen Austernbänken verzichten. Schillerlocken, geräucherter Matjes und Makrelen bereichern das Angebot. Etwas Besonderes, oben rechts im Bild, ist der Stremel-Lachs. Er stammt aus Norwegen, wird in Streifen (Stremel) geschnitten, sanft geräuchert und dann mit Gewürzen bestreut. Am schönsten lassen sich die geräucherten Fische im Kreis von Freunden genießen. Dann bestellt man eine große Platte mit allem möglichen Fisch, dazu gibt es Bier und zum Abschluss einen eiskalten Bommerlunder.

Munkmarsch – Hotel Fährhaus

Schon der Anblick des Gebäudes macht Lust, dort zu wohnen. Kein mühsamer Friesenchic, sondern die charmant solide Architektur des späten 19. Jahrhunderts. Kein Wunder, bei dieser Tradition. Das am Hafen gelegene alte Fährhaus wurde 1869 von dem Kapitän und Postschiffer Thomas Selmer als Posthalterei, Quartier und Aufenthaltsraum für die abfahrenden und ankommenden Passagiere genutzt. Damals wartete eine 12-stündige Schiffsreise auf die Sommerfrischler, und im Hafen mussten sie die Pferdedroschke bis nach Westerland nehmen. Das Fährhaus blieb bis in die 1980er Jahre ein Ausflugslokal, war dann lange geschlossen und wurde 2002 zum Luxushotel umgebaut. Wie kaum ein anderes deutsches Ferienziel hat Sylt eine Fülle von schönen Hotels, und da fällt die Wahl oftmals schwer. Da könnte das gute Restaurant den Ausschlag geben, wo Alexandro Pape auf 2-Sterne-Michelin-Niveau kocht. Ein besonderes Erlebnis ist am Chef's Table direkt in der Küche zu sitzen und dem Meister und seiner Mannschaft von 30 Mitarbeitern quasi über die Schulter zu schauen. Bei einer solch ambitionierten Küche muss auch der Weinkeller Flagge zeigen. Knapp 800 Etiketten sind dort zu finden, und neben den renommierten Flaschen aus Bordeaux und Burgund kann Sommelier Patrick Eglauer auch Schmankerln von deutschen Weinbergen aufweisen.

Sylter Brauchtum

◁ **Das Biikebrennen** stammt aus der heidnischen Vergangenheit der Inseln. Die friesische Bevölkerung zündete Opferfeuer auf heiligen Hügeln oder Altären an. Sie waren dem obersten Kriegsgott Wotan gewidmet – verbunden mit der Bitte um günstige Winde. Es war ein Abschiedsfest, bevor man im Frühling auf Beutezüge ging. Am 21. Februar wird auf Sylt der Winter verabschiedet. Mit Musik und Fackeln geht man zu den Hügeln hinauf, wo die gewaltigen Freudenfeuer brennen. Dort werden in deutscher und friesischer Sprache die Erhaltung dieser Tradition und der Zusammenhalt der friesischen Völker hervorgehoben. Mittlerweile ist dieses Fest zu einer großen Attraktion für Besucher geworden.

▷ **Im Ringreiten** vermutet man einen mittelalterlichen Bauch, doch dieser Wettkampf zu Pferd hat seinen Ursprung in der Mitte des 19. Jahrhunderts. Es ist eine lebendige Tradition, die nicht nur auf den Inseln, sondern auch am Festland viele Menschen begeistert. Die Veranstaltungen werden zwischen Mai und August ausgetragen. Jeder der acht inseleigenen Vereine besitzt seine eigene Tracht. Der Herr der Ringe, der König, wird derjenige, der im Galopp die meisten an einem Galgen hängenden Messingringe aufspießen kann. Keine leichte Aufgabe, denn der Durchmesser des Rings misst nur mehr 1,3 Zentimeter. Da es mehr Geschicklichkeit als Kraft verlangt, haben auch die Frauen gute Chancen und kämpfen um die Ehre der Königin.

Treffen von Shantychors

▷ **Im Jahre 1977** wurde der Sylter Shantychor gegründet und besteht heute aus 48 Männern. Während des Sommers hat der Chor zahllose Auftritte auf der Kurpromenade oder im Kursaal von Westerland. Shanties waren Gesänge der Matrosen während der gemeinschaftlichen, körperlich harten Arbeit auf den Segelschiffen. Sie lassen sich bis ins Jahr 1450 zurückverfolgen. Bedingt durch die Arbeit, gab es verschiedene Shanties, wie beim Lichten des Ankers (Capstan-Shanty) oder zum Setzen der Segel (Halyard-Shanty). Mit der Zeit vermischten sich die Shanties mit Volksliedern. Am bekanntesten sind »The Banks of Sacramento« und »De Hambourger Veermaster«.

Impressum

Die Autorin: Dagmar Kluthe, geboren 1953, lebt in München und London. Sie veröffentlicht als freie Journalistin in Vogue, Vanity Fair und großen Tageszeitungen. Ihre Schwerpunktthemen sind Reise und zeitgenössische Kunst. Mehr unter: www.dagmarkluthe.de

Produktmanagement: Joachim Hellmuth, Susanne Kuhl
Graphische Gestaltung: Mike Joerihsen, Sturmzeit Grafikstudio, Wolfurt
Kartografie: Thomas Vogelmann, Mannheim
Herstellung: Bettina Schippel
Repro: Medienfabrik, Stuttgart
Printed in Slovenia by Korotan, Ljubljana

Alle Angaben dieses Bandes wurden von der Autorin sorgfältig recherchiert und vom Verlag auf Stimmigkeit und Aktualität geprüft.
Allerdings kann keine Haftung für die Richtigkeit der Informationen übernommen werden. Für Hinweise und Anregungen sind wir dankbar.
Zuschriften an den:
Bruckmann Verlag,
Produktmanagement,
Postfach 400209,
D-80702 München
E-Mail: lektorat@bruckmann.de

Bildnachweis:

BILDAGENTUR HUBER

Alle Abbildungen des Umschlags und des Innenteils stammen von der Bildagentur Huber, Garmisch-Partenkirchen, außer: Fotolia: Seite 90; Hotel Fährhaus: Seite 88, 89; Hotel Stadt Hamburg: Seite 38 (2), 39; Look, München: Seite 14/15; Picture Alliance/dpa, Frankfurt a. M.: Seite 12, 13, 16, 22/23, 37 (2), 52, 54/55, 70, 71, 72/73, 74, 75, 76, 80, 81, 91; Gerhard Launer/WFL-GmbH, Rottendorf: Seite 8; Sansibar Credits, Arnt Haug: Seite 84, 85 (2); Söl'ring Hof: Seite 82; Sylter Archiv: Karte Vorsatz;

Einbandfotos :
Vorderseite: Leuchtturm am Ellenbogen, List
Rückseite: Gosch Restaurant in Wenningstedt (gr.), am Roten Kliff (kl.o.), idyllisches Häuschen in Keitum (kl.u.)

Die Deutsche Nationalbibliothek verzeichnet diese Publikation in der deutschen Nationalbibliografie; detaillierte bibliografische Daten sind im Internet über http://dnb-nb.de abrufbar.

ISBN 978-3-7654-5424-0

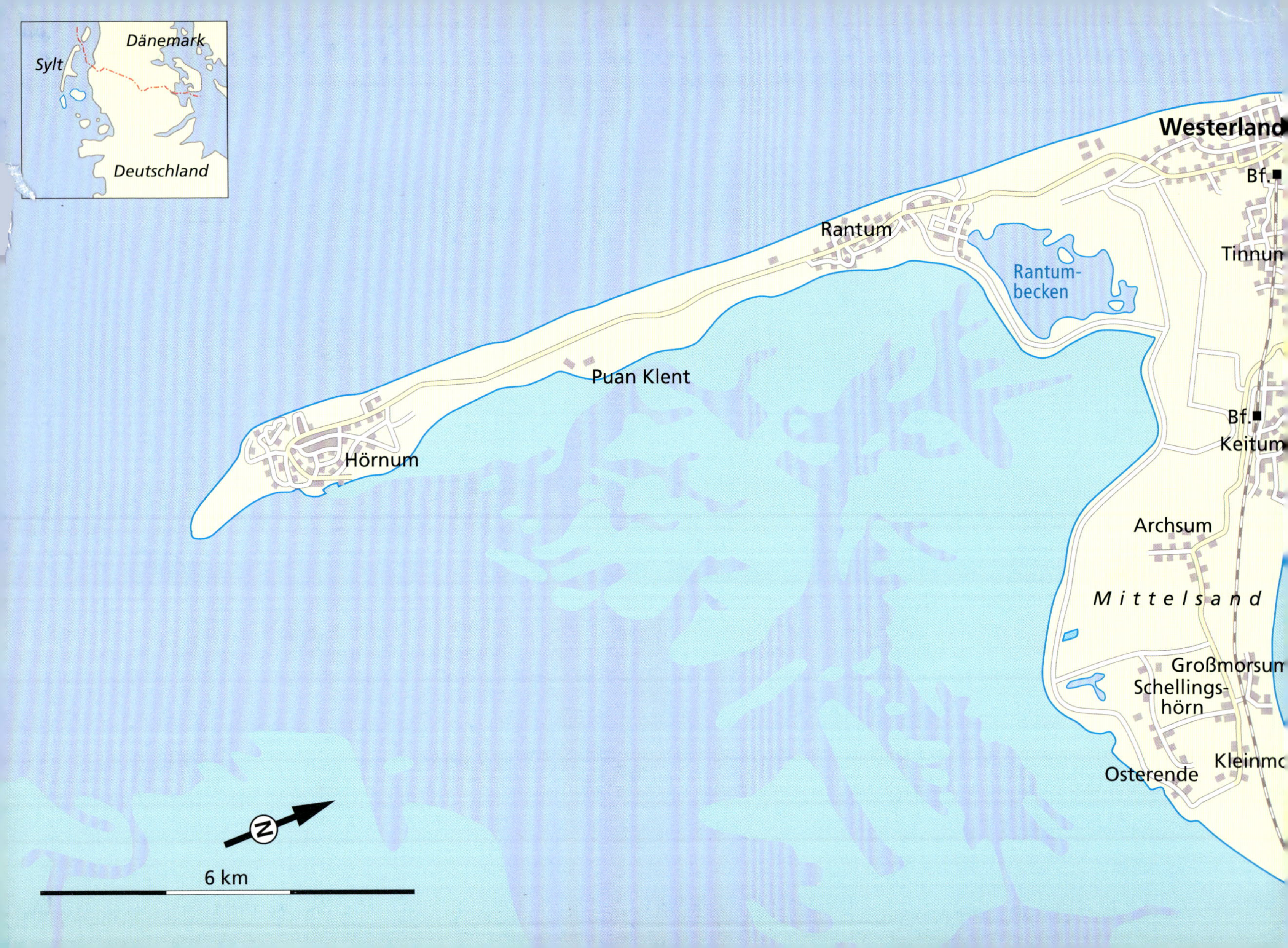
Dänemark
Sylt
Deutschland
Westerland
Bf.
Rantum
Tinnun
Rantum-
becken
Puan Klent
Bf.
Keitum
Hörnum
Archsum
Mittelsand
Großmorsun
Schellings-
hörn
Osterende
Kleinmo
N
6 km